EINFACH GUT

Elisabeth Meyer zu Stieghorst (Hrsg.)
LONGDRINKS

FALKEN

Inhalt

Zu diesem Buch _____ 3

Fruchtig-spritzige Longdrinks _____ 4
Cremig-zarte Longdrinks _____ 24
Longdrinks ohne Alkohol _____ 42

Rezeptverzeichnis _____ 63

Zu diesem Buch

Bereits in den fünfziger Jahren trat der Longdrink, aus Amerika kommend, in Deutschland seinen Siegeszug an und erfreut sich heute mehr denn je großer Beliebtheit. Nicht so sehr als Appetitanreger, sondern mehr zum Genießen sind Longdrinks bei Sommerparties, Faschingsfeten und Familienfesten beliebte Durstlöscher. Mit alkoholfreien Flüssigkeiten aufgegossen, eignen sie sich sogar für Kindergeburtstage und für verantwortungsvolle Autofahrer.
Longdrinks zu mixen ist schon lange nicht mehr Privileg gewiefter Barkeeper, sondern sie lassen sich mit relativ wenig Aufwand auch zu Hause nachzaubern. Dabei soll Ihnen dieses Büchlein helfen.
Longdrinks bestehen aus den drei Grundbausteinen Spirituosen – Aromaträger – Auffüller. Zur Grundausstattung einer Hausbar gehören etwa Gin, Brände wie Cognac, Weinbrand, Brandy, Rum, evtl. Wodka oder Whiskey, Campari, Liköre wie Cointreau, Crème de Cassis, de Cacao u. ä., Kirschlikör, Sherry oder Vermouth. Diese Auflistung kann natürlich nur eine Orientierungshilfe sein, die man nach Belieben verändern oder erweitern darf.
»Verlängert« werden Longdrinks mit Mineralwasser, Tonic Water, Bitter Lemon oder Orange, Cola, frischen Frucht- oder Obstsäften oder Milch, Eis und Sahne.
Eiswürfel sind unentbehrlich zum Kühlen oder Verdünnen von Longdrinks. Als wichtiges Handwerkszeug sollte man selbstverständlich einen Korkenzieher zu Hause haben. Zulegen sollte man sich ein Rührglas für Drinks, die kurz gerührt werden müssen, und einen Mixbecher (Shaker) für eher dickflüssige Longdrinks (Eier, Sirup). Zur Ausrüstung sollten auch ein Barlöffel als Maß-, Rührlöffel und evtl. Trinkhalm, ein Barsieb für unerwünschte Rückstände (Zitronenkerne) sowie ein Meßbecher mit den Einteilungen 2,5 und 5 cl oder 2 und 4 cl gehören. Ersatzweise kann man auch ein Schnapsglas mit Eichstrich verwenden. Gute Dienste tun auch noch ein Eiskübel und eine Eiszange. Abgerundet wird die Hausbar durch hübsche Gläser. Für Longdrinks werden verschiedene Glasformen angeboten wie z. B. »Highball« oder »großer Tumbler« (beide breit und hoch), »Ballonglas« (bauchig und hoch), »Collins-Glas« (schmal und hoch) oder »Superlongdrinkglas« (besonders hoch).
Phantasievoll dekorieren lassen sich Longdrinks mit allen verwendeten Obst- und Gemüsearten, »Minifrüchten« (Cocktailkirschen), Küchenkräutern (Basilikum, Zitronenmelisse, Minze) u. ä. Man kann das Glas auch mit einer sogenannten Crusta, einem Zuckerrand, verschönern.
Die folgenden Longdrinkrezepte sind der Übersichtlichkeit halber in die Kapitel fruchtig-spritzige, cremig-zarte Longdrinks und Longdrinks ohne Alkohol aufgeteilt. Die Zutaten für jedes Rezept sind nach der Reihenfolge ihrer Verwendung aufgeführt.

Abkürzungen:

EL	= Eßlöffel
BL	= Barlöffel
ml	= Milliliter
TL	= Teelöffel
cl	= Zentiliter
g	= Gramm

Dash (= Spritzer)
  = 1/10 cl
5 Dash = 1 BL

Alle Rezepte sind, falls nicht anders angegeben, für **1 Person** berechnet.

FRUCHTIG-SPRITZIGE LONGDRINKS

Diese Longdrinks haben Rum, Wodka, Cognac oder Whiskey als Basis, Grand Marnier, Cointreau, Crème de Menthe oder Eierlikör als Aroma. Sie werden mit Sekt, Champagner, Sherry oder Weißwein, mit Mineralwasser, Soda, Frucht- oder Obstsaft aufgegossen. Ein Spritzer Angostura oder Tabasco gibt den letzten Pfiff.

MIT RUM

Barbados Swizzle

1 unbehandelte Limette
5 cl weißer Rum
(Barbados Rum)
1 cl Zuckersirup
1 Spritzer Angostura
zerstoßenes Eis
1 Minzezweig

Die Limette spiralförmig abschälen, die Frucht halbieren und eine Hälfte auspressen. Den Rum mit Zuckersirup, Limettensaft und Angostura in ein Longdrinkglas gießen, zerstoßenes Eis dazugeben und alles mit einem Barlöffel gut durchrühren, bis das Glas beschlägt. Den Minzezweig auf den Drink legen und die Limettenspirale an den Glasrand hängen.

Mai Tai

- zerstoßenes Eis
- 4 cl brauner Rum
- 2 cl Curaçao orange
- 4 cl Orangensaft
- 2 cl Ananassaft
- 2 cl Zitronensaft
- 1 Scheibe Limette
- 1 Minzezweig

Zerstoßenes Eis in ein Longdrinkglas geben und den Rum, Likör, die Fruchtsäfte und den Zuckersirup darübergießen. Gut umrühren. Die Limettenscheibe und den Minzezweig an das Glas hängen und das Mixgetränk mit einem Trinkhalm servieren.

Superlongdrink »Rudolfo«

- 4 Eiswürfel
- 2 cl brauner Rum
- 2 cl Amaretto
- 2 cl Wodka
- 4 cl Passionsfruchtsaft
- 4 cl Ananassaft
- 2 cl Zitronensaft
- 2 cl Grenadine
- $1/2$ Scheibe Ananas
- **Früchte der Saison**

Die Eiswürfel in ein großes Ballonglas füllen (es sollte $1/2$ Liter Flüssigkeit fassen). Rum, Amaretto, Wodka, Fruchtsäfte und Grenadine darübergießen. Alles gut umrühren. Die Ananasscheibe in kleine Stücke schneiden und hinzufügen. Das Glas mit einem Spieß aus Früchten der Saison dekorieren und mit einem Trinkhalm servieren.

MIT RUM UND CURAÇAO

FÜR DIE SOMMER-PARTY

Blue Splash

- 2 cl Gin
- 2 cl Curaçao blue
- 2 cl Zitronensaft
- 1 cl Vermouth dry
- 1 Spritzer Angostura (nach Belieben)
- Champagner
- 1 Scheibe einer unbehandelten Orange

Alle Zutaten bis auf den Champagner in einen Tumbler geben und gut durchrühren. Mit dem Champagner auffüllen und den Longdrink mit einer Orangenscheibe garnieren.
(auf dem Foto: oben links)

Rosie's

- 1 cl Orangenlikör
- 4 cl Campari
- 8 cl Grapefruitsaft
- Sekt
- 1 Scheibe einer unbehandelten Orange

Likör, Campari und Saft in ein Longdrinkglas geben und mit Sekt auffüllen. Mit der Orangenscheibe dekorieren.
(auf dem Foto: unten links)

Tip:
Der italienische Bitterlikör Campari gehört zu den klassischen Aperitifs. Man trinkt ihn z. B. vor dem Essen mit Eis, einer halben Zitronenscheibe und füllt ihn mit Soda oder Bitter lemon auf.

Kiwitraum

- $^1/_2$ unbehandelte Zitrone
- 4 cl Kiwilikör
- 6 Kiwischeiben, geschält
- Sekt

Die Schale der Zitrone spiralförmig abschälen. Den Saft der halben Zitrone und den Kiwilikör in ein Superlongdrinkglas geben, die Kiwischeiben hinzufügen und mit Sekt auffüllen. Ein Spießchen mit der Zitronenschale dekorieren und über das Glas legen.
(auf dem Foto: Mitte)

Die 4 C

- 2 cl Cognac
- 1 cl Cointreau
- 1 cl Campari
- Champagner
- ca. 6 Barlöffel beliebige, gekühlte Früchte

Cognac, Cointreau und Campari in einem Longdrinkglas verrühren. Einige besonders schöne Früchte beiseite legen. Die restlichen ins Glas geben und mit Champagner aufgießen. Den Drink mit den verbliebenen Früchten phantasievoll dekorieren.
(auf dem Foto: rechts)

EIN FRUCHTIGES VERGNÜGEN

Planter's Punch

- 5 Eiswürfel
- 6 cl brauner Rum (Myer's Rum)
- 4 cl Orangensaft
- 4 cl Ananassaft
- 3 cl Zitronensaft
- 2 cl Grenadine
- 1 cl Zuckersirup
- 1 Cocktailkirsche
- 1/2 Scheibe einer unbehandelten Orange
- 1/4 Scheibe Ananas
- 1/2 Scheibe Kiwi
- 1 dicke Scheibe Banane
- 1 Minzezweig

Die Eiswürfel in ein großes Ballonglas geben. Rum, Fruchtsäfte, Grenadine und Zuckersirup darübergießen. Alles gut umrühren. Die Früchte auf einen langen Spieß stecken und in das Glas stellen. Den Longdrink mit dem Minzezweig dekorieren und mit einem Trinkhalm servieren.

Tip:
Servieren Sie den Planter's Punch auf einem kleinen Teller mit einer Serviette, damit man die Obstschalen ablegen kann. Steht der Drink länger, beträufeln Sie die Bananenscheibe mit etwas Zitronensaft, damit sie nicht braun wird.

Rum Daisy

- 4 Eiswürfel
- 2 cl Himbeersaft
- 2 cl Zitronensaft
- 4 cl brauner Rum
- Soda
- 1 Minzezweig

Die Eiswürfel in ein Highballglas geben. Die Fruchtsäfte und den Rum darübergießen und alles gut umrühren. Den Longdrink nach Belieben mit Soda oder Mineralwasser auffüllen und mit einem Trinkhalm servieren.

Rum wird aus Zuckerrohr gebrannt und ist zunächst klar. Erst durch die lange Reifezeit in Holzfässern erhält er seine goldbraune Farbe.

MIT BOURBON WHISKEY

Deep Dream

- 3 cl Bourbon Whiskey
- 2 cl Apricot Brandy
- 1 cl Vermouth Brandy
- Eiswürfel
- Orangensaft
- 1 Scheibe einer unbehandelten Orange

Whiskey, Apricot Brandy und Vermouth mit viel Eis im Shaker schütteln, in ein Longdrinkglas seihen und mit Orangensaft auffüllen. Mit der Orangenscheibe dekorieren und eventuell einen Quirl ins Glas stellen.

Bourbon Whiskey gilt als *das* amerikanische Nationalgetränk. In Georgetown, im District Bourbon, Kentucky, wurde der erste amerikanische Whiskey gebrannt, ursprünglich aus Roggen. Irgendwann – die Gründe liegen im Dunkeln – nahm man statt dessen Mais und stellte fest, daß der Whiskey damit voller und feiner schmeckte.

MIT BOURBON WHISKEY

Mint Julep

- 4 Zweige Pfefferminze
- 1 BL Zucker
- 4 cl Bourbon Whiskey
- Soda, zerstoßenes Eis

Von zwei Pfefferminzezweigen die Blätter abzupfen und in einem Tumbler mit Zucker zerreiben; danach den Bourbon und einen Schuß Soda hinzugeben. Das Eis hineinfüllen und das Ganze mit einem Barlöffel so lange rühren, bis das Glas beschlägt. Den Drink mit der restlichen Pfefferminze dekorieren.

Barlöffel verwendet man als Maßeinheit oder zum spiralförmigen (von oben nach unten) Verrühren der Zutaten. Hübsch sind Barlöffel, deren Stiel auch als Trinkhalm verwendet werden kann.

Seejungfrau

- 3 große Eiswürfel
- 2 cl Gin
- 2 cl Vermouth bianco
- 2 cl Curaçao blue
- Bitter Orange
- 1 unbehandelte Zitrone
- 1 Scheibe einer unbehandelten Orange

Eiswürfel in ein Superlongdrinkglas geben, Gin, Vermouth und Curaçao darübergießen. Das Ganze umrühren und mit Bitter Orange auffüllen. Von der Zitrone die Schale spiralförmig abschneiden. Den Drink mit der Zitronenschale und der Orangenscheibe dekorieren.
(auf dem Foto oben: links)

Mint Fizz

- 4 cl Gin
- 1 cl Crème de Menthe grün
- 3 cl Zitronensaft
- 2 cl Zuckersirup
- Eiswürfel
- Soda
- 1 Zweig Pfefferminze

Gin, Crème de Menthe, Zitronensaft, Sirup und Eiswürfel im Shaker lange und kräftig schütteln. In ein Longdrinkglas seihen und nach Belieben mit Eiswürfeln verdünnen. Mit Soda auffüllen und die Pfefferminze ans Glas stecken. Einen Strohhalm dazu reichen.
(auf dem Foto unten: links)

Paradiso

- 3 cl Gin
- 2 cl Apricot Brandy
- 100 ml Orangensaft
- Eiswürfel
- 1 Scheibe einer unbehandelten Orange

Gin, Apricot Brandy und Orangensaft im Shaker mit Eis gut schütteln und in ein Superlongdrinkglas seihen. Nach Belieben Eiswürfel dazugeben und mit der Orangenscheibe dekorieren.
(auf dem Foto oben: rechts)

Negroni »Long«

- 3 Eiswürfel
- 2 cl Gin
- 2 cl Campari
- 2 cl Vermouth rosso
- Soda
- 1 Scheibe einer unbehandelten Orange

Die Eiswürfel in ein Superlongdrinkglas geben. Darüber den Gin, den Campari und den Vermouth gießen, umrühren und das Ganze mit Soda auffüllen. Den Drink mit der Orangenscheibe garnieren.
(auf dem Foto unten: rechts)

MIT CRÈME DE MENTHE GRÜN / MIT APRICOT-BRANDY

MIT CURAÇAO BLUE / MIT VERMOUTH ROSSO

MIT TEQUILA / MIT COINTREAU

Tequila Sunrise

- 4 große Eiswürfel
- 4 cl Tequila
- 3 cl Grenadine
- 1 Spritzer Zitronensaft
- 10 cl Orangensaft
- 1 große Scheibe einer unbehandelten Orange

Eiswürfel in ein Superlongdrinkglas geben. Den Tequila und den Grenadine darübergießen und einen Spritzer Zitronensaft dazugeben. Langsam mit Orangensaft auffüllen, kurz umrühren und den Drink mit der Orangenscheibe dekorieren.
(auf dem Foto oben: links)

Despertador

- 3 cl Tequila
- 1 cl Cointreau
- 2 cl Grenadine
- 1 BL Honig
- Grapefruitsaft
- Eiswürfel
- 1 Scheibe einer unbehandelten Zitrone
- 1 Cocktailkirsche

Tequila, Cointreau, Grenadine und Honig im Shaker mit Eis kräftig schütteln und in ein Longdrinkglas seihen. Mit Grapefruitsaft auffüllen und mit den Früchten dekorieren.
(auf dem Foto oben: rechts)

MIT WODKA

Casablanca

- 3 cl Wodka
- 1 cl Eierlikör
- 1 cl Galliano
- 2 cl Zitronensaft
- 4 cl Orangensaft
- Eiswürfel
- 1 Scheibe einer unbehandelten Orange

Alle Flüssigkeiten im Shaker mit Eis kräftig schütteln. Etwas Eis zerstoßen und in ein Longdrinkglas geben. Den Drink darüberseihen und mit der Orangenscheibe dekorieren.
(auf dem Foto oben: links)

Bloody Mary

- 9 cl Tomatensaft
- 1,5 cl Zitronensaft
- 4,5 cl Wodka
- 1 Spritzer Tabasco
- 1 BL Worcestersauce
- Eiswürfel
- Pfeffer und Salz nach Belieben
- 1 Kirschtomate

Den Tomaten- und Zitronensaft, den Wodka, Tabasco und die Worcestersauce mit Eis im Shaker schütteln und in ein Longdrinkglas seihen. Den Drink mit Pfeffer und Salz bestreuen. Die Kirschtomate auf ein Spießchen stecken und über das Glas legen.
(auf dem Foto oben: rechts)

MIT BOURBON WHISKEY

MIT COGNAC

Whiskey Sour – The Original

4 cl Bourbon Whiskey
2 cl Zitronensaft
1 BL Zuckersirup
Eiswürfel
Soda
1 Scheibe einer unbehandelten Orange

Pierre Collins

3 Eiswürfel
4 cl Cognac
2 cl Zitronensaft
2 cl Zuckersirup
Soda
1 Scheibe einer unbehandelten Zitrone
1 Cocktailkirsche

Whiskey, Zitronensaft, Sirup und Eiswürfel im Shaker gut schütteln, in einen großen Tumbler seihen und mit Soda auffüllen. Die Orangenscheibe einschneiden und an den Glasrand hängen.

Zuckersirup, auch Läuterzucker genannt, läßt sich ganz einfach selbst herstellen. In 1 l kochendes Wasser 1 kg Zucker einrühren und aufkochen lassen. Nach dem Abkühlen in Flaschen abfüllen.

Die Eiswürfel in ein Collinsglas füllen. Cognac, Zitronensaft und Zuckersirup mischen und darübergießen. Mit Soda auffüllen und mit den Früchten garnieren.

Soda (Sodawasser) hat einen hohen Natriumcarbonatgehalt. Es enthält entweder natürliche oder »künstlich eingepreßte« Kohlensäure.

MIT RUM

MIT IRISH WHISKEY

Banana Daiquiri

- 5 Eiswürfel
- 6 cl weißer oder brauner Rum
- 3 cl Zitronensaft
- 2 cl Zuckersirup
- ½ Banane
- 1 dicke Scheibe Banane
- 1 Cocktailkirsche

Die Eiswürfel mit Rum, Zitronensaft, Zuckersirup und der halben Banane in einen Mixer geben und ihn so lange laufen lassen, bis die Banane fein püriert und das Eis zerschlagen ist. Die Bananenscheibe und die Kirsche auf ein Spießchen stecken, den Longdrink in ein Ballonglas gießen und den Früchtespieß darüberlegen. Mit einem dicken Trinkhalm servieren.

Ballongläser eignen sich, wie große Schwenker, für Crustas, exotische Longdrinks und Drinks mit Crushed ice.

Irish Orange

- 4 cl Irish Whiskey
- 1 cl Zitronensaft
- 1 cl Grenadine
- Eiswürfel
- Bitter orange
- 1 ungespritzte Orange

Whiskey, Zitronensaft, Grenadine und Eis im Shaker kräftig schütteln. Eiswürfel in einen Tumbler geben und das Ganze darüberseihen, mit Bitter orange aufgießen. Die Schale von der Orange spiralförmig abschälen und den Drink damit dekorieren.

Tumbler sind Bechergläser mit extrem dickem Glasboden. Es gibt sie in den verschiedensten Größen: Sie fassen zwischen 16 und ca. 28 cl Flüssigkeit und lassen sich somit vielseitig einsetzen.

15

MIT RUM

Hawaian Banger

- 4 Eiswürfel
- 4 cl brauner Rum
- 2 cl Galliano
- 8 cl Orangensaft
- 1/2 Scheibe einer unbehandelten Orange
- 1 Cocktailkirsche

Eiswürfel in ein Longdrinkglas geben. Rum, Galliano und Orangensaft darübergießen und alles gut umrühren. Die Orangenscheibe und die Kirsche auf einem Spießchen an das Glas stecken. Den Longdrink mit einem Trinkhalm servieren.
(auf dem Foto oben: links)

Rum Callius

- 6 Eiswürfel
- 3 cl Zitronensaft
- 3 cl Zuckersirup
- 4 cl brauner Rum
- Soda
- 1 Scheibe einer unbehandelten Zitrone
- 1 Cocktailkirsche

Die Eiswürfel in ein großes Highballglas geben. Zitronensaft, Zuckersirup und Rum darübergießen und alles gut umrühren. Den Longdrink mit Soda auffüllen und das Glas mit der Zitronenscheibe und der Kirsche dekorieren.
(auf dem Foto oben: rechts)

MIT NUSSLIKÖR / MIT PERNOD

A Lulu

6 Eiswürfel
3 cl Maracujasaft
3 cl Orangensaft
2 cl Nußlikör
4 cl weißer Rum

Alle Zutaten in einem Shaker kurz, aber kräftig schütteln. Den Longdrink mit dem Eis in einen Tumbler gießen und mit einem Trinkhalm servieren.
(auf dem Foto oben: links)

Ein Shaker ist in der Hausbar unentbehrlich. Man braucht ihn vor allem zum Mixen von dickflüssigen Zutaten.

Martinique

4 cl brauner Rum
1 cl Pernod
2 cl Zitronensaft
2 cl Zuckersirup
1 Spritzer Angostura
zerstoßenes Eis

Rum, Pernod, Zitronensaft, Zuckersirup und Angostura in ein Longdrinkglas gießen. Zerstoßenes Eis nach Belieben dazugeben und alles so lange rühren, bis das Glas beschlägt. Mit einem hübschen Trinkhalm servieren.
(auf dem Foto oben: rechts)

Angostura wird aus der Rinde des Angosturabaumes, Orangenschalen, Zimt, Kardamom, Chinarinde und Gewürznelken hergestellt.

Mojito light

- 2 unbehandelte Limetten
- 2 Spritzer flüssiger Süßstoff
- 6 Minzeblätter
- 4 cl weißer Rum
- 8 cl Soda
- zerstoßenes Eis
- 1 Minzezweig

Eine Limette vierteln und in ein Longdrinkglas auspressen. Den Süßstoff dazugeben und alles gut verrühren. Die Minzeblätter und die ausgedrückten Limettenviertel in das Glas legen und mit Rum und Soda aufgießen. Die zweite Limette in Scheiben schneiden. Das Glas mit zerstoßenem Eis auffüllen, alles gut verrühren und den Drink mit dem Minzezweig und einer Limettenscheibe dekorieren.
(auf dem Foto oben: links)

Victor Laslo

- 3 Eiswürfel
- 3 cl Wodka
- 1 cl Eierlikör
- 2 cl Zitronensaft
- 6 cl Orangennektar light
- zerstoßenes Eis nach Belieben
- 3 Kirschen
- 1 Orangenschalenspirale

Die Eiswürfel mit den Flüssigkeiten in einem Shaker kräftig schütteln. Alles in ein Longdrinkglas seihen und nach Belieben mit zerstoßenem Eis auffüllen. Die Kirschen auf einen Spieß stecken und diesen zusammen mit der Orangenschale in das Glas geben.
(auf dem Foto oben: rechts)

Tingling Feelings

- 4 cl Wodka
- 1 cl Zitronensaft
- 4 Eiswürfel
- 2 Zitronenachtel
- 15 cl Ginger-ale light

Wodka und Zitronensaft in ein Longdrinkglas gießen. Die Eiswürfel dazugeben und alles gut umrühren. Die Zitronenachtel in das Glas geben, den Drink mit Ginger-ale auffüllen und langsam umrühren.
(auf dem Foto unten: links)

Flushing Meadow

- 3 Eiswürfel
- 3 cl Bourbon Whiskey
- 1 cl Apricot Brandy
- 8 cl Orangennektar light
- 1 cl Zitronensaft
- 1 Orangenachtel
- 1 Zitronenviertel
- zerstoßenes Eis

Die Eiswürfel mit den Flüssigkeiten im Shaker kurz schütteln und in ein Longdrinkglas seihen. Die Früchte dazugeben und den Drink mit zerstoßenem Eis auffüllen.
(auf dem Foto unten: rechts)

MIT RUM / MIT WODKA

MIT WODKA / MIT BOURBON WHISKEY

Montego Bay

- 5 Eiswürfel
- 2 cl Zitronensaft
- 2 cl Rose's Lime Juice
- 4 cl weißer Rum
- 1 cl Curaçao blue
- zerstoßenes Eis
- ¹/₄ Limette

Die Eiswürfel mit den Fruchtsäften, dem Rum und dem Curaçao blue in einem Shaker kurz, aber kräftig schütteln.
Das zerstoßene Eis in ein Longdrinkglas geben und den Longdrink darüberseihen. Das Limettenstück hineingeben und den Longdrink mit einem Trinkhalm servieren.
(auf dem Foto: oben links)

Batida

- 5 cl Pitú
- 4 cl Rose's Lime Juice
- 2 BL Honig
- 4 Eiswürfel
- ¹/₂ Limette

Pitú, Lime Juice und Honig im Mixer kurz mischen, dann erst das Eis hinzufügen und noch mal mixen. Den Longdrink in ein Highballglas gießen. Die Limettenhälfte halbieren, den Saft in den Drink drücken und die Viertel dazugeben.
(auf dem Foto: oben rechts)

Tip:
Dekorieren Sie das Glas mit einer Limettenspirale, die Sie auf ein Spießchen wickeln. Den Spieß dann über das Glas legen.

Mahukona

- 4 cl weißer Rum
- 2 cl Curaçao triple sec
- 3 cl Zitronensaft
- 2 cl Zuckersirup
- Eiswürfel
- 1 Spritzer Angostura
- 1 Scheibe Ananas
- 3 Cocktailkirschen

Rum mit Curaçao, Zitronensaft und Zuckersirup in ein Longdrinkglas gießen. Eiswürfel dazugeben und umrühren. Die Ananasscheibe und die Kirschen in kleine Stücke schneiden und in den Drink geben. Mit einem Spießchen und einem Trinkhalm servieren.
(auf dem Foto: Mitte links)

Chocolate Coco

- 6 Eiswürfel
- 2 cl Zitronensaft
- 6 cl Ananassaft
- 2 cl Schokoladensirup
- 3 cl Malibu
- 3 cl weißer Rum
- Kokosraspel

Die Eiswürfel und den Zitronen- und Ananassaft, Schokoladensirup, Malibu und Rum in einem Shaker kurz, aber kräftig schütteln. Den Glasrand mit Kokosraspeln versehen und den Longdrink in das Glas gießen.
(auf dem Foto: Mitte rechts)

Jamaica Cooler

- 4 Eiswürfel
- 4 cl weißer Rum
- 100 ml trockener Rotwein
- 1 cl Zitronensaft
- 1 cl Orangensaft
- 3 cl Zuckersirup
- ¹/₂ Scheibe einer unbehandelten Zitrone

Alle Zutaten bis auf die Zitrone in einem Stielglas verrühren. Das Glas mit der Zitrone dekorieren und den Drink mit einem Trinkhalm servieren.
(auf dem Foto: unten)

FÜR DIE SOMMERPARTY

21

Zombie

- 4 Eiswürfel
- 4 cl brauner Rum
- 2 cl Apricot Brandy
- 4 cl Ananassaft
- 2 cl Limetten- oder Zitronensaft
- 2 cl Orangensaft
- 2 cl Zuckersirup
- 1/4 Scheibe Ananas
- 1 Scheibe Banane
- 1 Scheibe einer unbehandelten Orange

Die Eiswürfel in ein Longdrinkglas geben und den Rum, Apricot Brandy, die Fruchtsäfte und den Zuckersirup darübergießen. Alles gut umrühren. Die Fruchtstücke auf ein Cocktailspießchen stecken und über das Glas legen. Den Longdrink mit einem Trinkhalm servieren.
(auf dem Foto oben: links)

Fedora Punch

- 4 Eiswürfel
- 3 cl brauner Rum (Jamaica Rum)
- 1 cl Cognac
- 1 cl Bourbon Whiskey
- 1 cl Curaçao orange
- 2 cl Zitronensaft
- 2 cl Zuckersirup
- zerstoßenes Eis
- 1 Zitronenschalenspirale

Die Eiswürfel und die Flüssigkeiten zusammen in einem Shaker kurz, aber kräftig schütteln. Ein Highballglas zur Hälfte mit zerstoßenem Eis füllen und den Longdrink hineinseihen. Das Glas mit der Zitronenspirale dekorieren.
(auf dem Foto oben: rechts)

Swinger's Light

- 4 Eiswürfel
- 2 cl Wodka
- 2 cl Amaretto
- 1 cl Zitronensaft
- 10 cl Orangennektar
- 1 Orangenschalenspirale
- 1 Scheibe einer unbehandelten Zitrone

Die Eiswürfel mit den Flüssigkeiten im Shaker kräftig schütteln und in ein Longdrinkglas seihen. Die Orangenspirale in das Glas geben und die Zitronenscheibe an den Rand des Glases stecken.
(auf dem Foto unten: links)

Bella Roma Light

- 4 Eiswürfel
- 3 cl Tequila
- 2 cl Galliano
- 2 cl Zitronensaft
- 12 cl Orangennektar light
- 1 Scheibe einer unbehandelten Orange
- 1 Kirsche

Die Eiswürfel zusammen mit den Flüssigkeiten im Shaker kräftig schütteln und das Ganze in ein Longdrinkglas seihen. Die Orangenscheibe an den Glasrand stecken, die Kirsche auf einen Spieß stecken und über das Glas legen.
(auf dem Foto unten: rechts)

MIT APRICOT BRANDY / MIT COGNAC

MIT AMARETTO / MIT GALLIANO

CREMIG-ZARTE LONGDRINKS

Die Basis dieser auch unter »Flip«, »Egg Nogg« oder »Frappé« bekannten Longdrinks ist auch wieder Rum, Cognac, Sherry oder Weinbrand. Aromatisiert werden sie mit Likören, Kaffee, Fruchtsäften oder pürierten Früchten und aufgegossen mit Ei, heißer oder kalter Milch, Sahne, Joghurt oder Eis. Diese Longdrinks müssen unbedingt im Shaker gut geschüttelt werden, da sie eher dickflüssig sind. Diese alkoholischen Milchshakes werden meist »vom Eis befreit« serviert.

Green Peace I

3 Eiswürfel
1,5 cl Wodka
1 cl Apricot Brandy
1,5 cl Vermouth dry
1,5 cl Pisang Ambon
Ananassaft zum Auffüllen
1 Cocktailkirsche

Die Eiswürfel mit dem Wodka, Brandy, Vermouth und Pisang Ambon in einem Longdrinkglas verrühren. Mit Ananassaft auffüllen. Die Kirsche an den Glasrand stecken.

MIT WODKA UND APRICOT BRANDY

Tigerlilly

- 125 g Aprikosen aus der Dose
- 2 EL Zitronensaft
- 1 cl weißer Rum
- ½ EL Zucker
- 100 g Sauermilch 1,5 % Fett
- abgeriebene Schale einer unbehandelten Zitrone
- Hagelzucker
- ½ Eiweiß
- 1 Eiswürfel

Die Aprikosen, den Zitronensaft, den Rum und den Zucker im Mixer kräftig durchmixen. Auf schwächster Stufe die Sauermilch hinzugießen und kurz durchquirlen. Die Zitronenschale mit dem Hagelzucker mischen, das Eiweiß in ein Schälchen geben. Ein Longdrinkglas mit dem Rand zunächst in das Eiweiß, dann in die Zuckermischung tauchen und antrocknen lassen. In das Glas einen Eiswürfel geben und den Longdrink vorsichtig darübergießen.

Peppermint Twist

- frische Pfefferminzblätter
- ½ EL Zucker
- ½ TL Zitronensaft
- 1 Msp. abgeriebene Schale einer unbehandelten Zitrone
- 125 g gerührter Magermilchjoghurt
- 1 cl grüner Pfefferminzlikör
- 1 Kugel Pfefferminz- oder Zitroneneis
- 1 Scheibe einer unbehandelten Zitrone

Einige Pfefferminzblätter fein wiegen und mit dem Zucker, dem Zitronensaft und der Zitronenschale mischen. Den Joghurt in ein Rührgefäß geben und mit der Pfefferminzblättermischung verquirlen. Das Eis in ein Longdrinkglas geben und die Joghurtmischung darübergießen. Den Drink mit Pfefferminzblättern und einer Zitronenscheibe garnieren.

MIT RUM

MIT PFEFFER-MINZ-LIKÖR

Orange Egg Nogg

- 4 cl Cointreau
- 4 cl Orangensirup
- 4 cl Milch
- 2 cl Sahne
- 1 Ei
- 3 Eiswürfel
- 1 unbehandelte Miniorange

Alle Zutaten außer der Miniorange in einem Shaker mit dem Eis kräftig schütteln und in einen Tumbler abseihen. Das Glas mit der Miniorange garnieren und sofort servieren.
(auf dem Foto: oben links)

Grand Egg Nogg

- 4 cl Cognac
- 2 cl Grand Marnier
- 4 cl Sahne
- 2 cl Milch
- 1 cl Zuckersirup
- 1 Eigelb
- 3 Eiswürfel
- 1 Scheibe einer unbehandelten Orange

Die Zutaten außer der Orangenscheibe in einem Shaker kräftig schütteln und das Ganze in ein Longdrinkglas abseihen. Das Glas mit der Orangenscheibe dekorieren.
(auf dem Foto: oben Mitte)

Baltimore Egg Nogg

- 2 cl Cognac
- 2 cl Rum
- 2 cl Madeira
- 12 cl Milch
- 1 Eigelb
- 3 Eiswürfel
- Muskatnuß

Cognac, Rum, Madeira und Eigelb mit dem Eis in einem Shaker kräftig schütteln und in ein Longdrinkglas abseihen. Den Drink mit Milch auffüllen und etwas Muskatnuß darüberreiben.
(auf dem Foto: unten Mitte)

Breakfast Egg Nogg

- 3 cl Cognac
- 3 cl Curaçao blue
- 6 cl Milch
- 1 cl Zuckersirup
- 1 Ei
- 3 Eiswürfel

Alle Zutaten in einem Shaker kräftig schütteln. Den Egg Nogg in ein Longdrinkglas abseihen.
(auf dem Foto: oben rechts)

Tip:
Egg Noggs trinkt man je nach Jahreszeit warm oder kalt. Sie enthalten immer Milch oder Sahne und Eigelb. Bei der kalten Variante schüttelt man zunächst Eigelb, Zucker und die Spirituosen im Shaker, seiht das Ganze in ein Glas ab und füllt den Drink mit Milch auf.

MIT COINTREAU / MIT COGNAC

MIT COGNAC / MIT CURAÇAO

Madeira Flip

3 Eiswürfel
5 cl Madeira
1 cl Crème de Cacao braun
2 BL Zuckersirup
1 Ei
Bitterschokolade

Alle Zutaten bis auf die Bitterschokolade im Shaker kräftig schütteln, in einen Tumbler seihen und etwas Schokolade darüberreiben.
(auf dem Foto oben: links)

Tip:
Flips müssen nach der Zubereitung sofort serviert werden. Eiswürfel müssen entfernt werden, um den Geschmack nicht zu verwässern.

Sherry Flip

3 Eiswürfel
4 cl Sherry fino
1 cl Apricot Brandy
1 cl Zuckersirup
1 Ei
Muskatnuß

Alle Zutaten bis auf die Muskatnuß im Shaker kräftig schütteln, den Longdrink in einen Tumbler seihen und etwas Muskatnuß darüberreiben.
(auf dem Foto oben: rechts)

Rum Coffee Flip

3 Eiswürfel
3 cl brauner Rum
1 cl Kaffeelikör
1 cl Crème de Cacao braun
1 cl Zuckersirup
1 Ei
Muskatnuß

Alle Zutaten bis auf die Muskatnuß im Shaker kräftig schütteln, in einen Tumbler seihen und etwas Muskatnuß darüberreiben.
(auf dem Foto unten: links)

Cognac Flip

3 Eiswürfel
4 cl Cognac
2 cl Grand Marnier
1 cl süße Sahne
1 cl Zuckersirup
1 Eigelb
Muskatnuß

Alle Zutaten bis auf die Muskatnuß im Shaker kräftig schütteln, in einen Tumbler seihen und etwas Muskatnuß darüberreiben.
(auf dem Foto unten: rechts)

Grand Marnier ist ein Orangenkräuterlikör. Man kann ihn selbstverständlich auch »pur« trinken, aber vor allem dient er als Aromaträger bei Mixgetränken oder Nachspeisen.

MIT MADEIRA / MIT SHERRY

MIT RUM / MIT COGNAC

MIT CRÈME DE CASSIS

Frappé de Cassis

- etwas Zitronensaft
- etwas Zucker
- zerstoßenes Eis
- 2 Kugeln Johannisbeereis
- 3 cl Crème de Cassis
- 5 cl Johannisbeersirup
- 2 cl Milch
- 1 BL Zuckersirup
- 4 BL frische Johannisbeeren

Den Glasrand durch den Zitronensaft ziehen und in eine flache, mit Zucker gefüllte Schale drücken. Das Eis und das Fruchteis in ein Phantasieglas schichten. Die Flüssigkeiten im Shaker kräftig schütteln und darübergießen. Den Drink mit den Beeren dekorieren.

MIT CURAÇAO

Soft Green

- 2 Kugeln Vanilleeis
- 3 cl Curaçao blue
- 2 cl Gin
- 6 cl Orangensaft
- 1 cl Limettensaft
- 1 Scheibe einer unbehandelten Orange

Alle Zutaten bis auf die Orangenscheibe in einem Highballglas verquirlen. Den Drink mit der Orangenscheibe dekorieren und mit einem Quirl servieren.

Variation:
Highball ist nicht nur der Name für ein Glas, sondern auch für einen einfachen und durstlöschenden Longdrink. Man gibt 4 Zentiliter einer Spirituose und Eiswürfel in das Glas, füllt mit Ginger-ale auf und dreht ein Stück Zitronenschale so über dem Glas, daß das Aroma auf das Getränk spritzt.

MIT BANANENLIKÖR **MIT PORTWEIN**

Banana Flip

1 Banane
etwas Zitronensaft
3 Eiswürfel
4 cl Bananenlikör
2 cl Wodka
4 cl Orangensaft
1 Ei

Die Banane schälen und die Hälfte pürieren. Die andere Hälfte in dicke Scheiben schneiden und mit Zitronensaft beträufeln. Das Püree und die übrigen Zutaten im Shaker kräftig schütteln und in einen Tumbler seihen. Mit den Bananenscheiben dekorieren.

Eier sollten immer nur frisch verwendet werden. Im Eierfach des Kühlschranks sind sie mindestens 3 Wochen haltbar, bei Zimmertemperatur nur 1 Woche.

Portwein Flip

3 Eiswürfel
4 cl Portwein
3 cl Armagnac
3 cl süße Sahne
1 cl Zuckersirup
1 Ei
1 Spritzer Orangenbitter
(Bitterlikör zum Würzen)
Muskatnuß

Alle Zutaten bis auf die Muskatnuß im Shaker kräftig schütteln. In einen Tumbler seihen und etwas Muskatnuß darüberreiben.

Portwein gehört zu den berühmtesten versetzten Weinen der Welt. Seine Heimat liegt im Süden Portugals. Die jungen eignen sich hervorragend als Dessertwein. Weißer Portwein ist ein idealer Aperitifwein.

MIT LIKÖR / MIT WEINBRAND   MIT COGNAC / MIT AMARETTO

Bananenmilch Marlene

- 1 kleine Banane
- 2 cl Eierlikör
- 1 TL Zucker
- 1 Msp. abgeriebene Schale einer unbehandelten Zitrone
- $1/8$ l sehr kalte Vollmilch

Die halbe Banane mit der Gabel zerdrücken und mit dem Eierlikör, Zucker und der Zitronenschale verrühren. Die Mischung mit der Milch verquirlen und den Drink in ein hohes Glas füllen. Mit einer Bananenscheibe dekorieren.
(auf dem Foto oben: links)

Kefirdrink Johanna

- 75 g rote Johannisbeeren
- $1/2$ El Zucker
- 1 cl Weinbrand
- 125 g Kefir 1,5 % Fett

Die Johannisbeeren sorgfältig waschen, mit einer Gabel von den Rispen streifen und mit dem Zucker und dem Weinbrand im Mixer pürieren. Auf kleinster Stufe den Kefir hinzugießen und alles gründlich durchmixen. Den Longdrink in ein hohes Glas füllen.
(auf dem Foto oben: rechts)

Cognac Au Lait

- 100 g sehr kalte Vollmilch
- $1/2$ TL Instant-Kakao
- 2 cl Cognac
- 1 Prise Zimtpulver
- $1/2$ EL Zucker
- 2 EL geschlagene Sahne
- Schokoraspel

Die Milch mit dem Kakao, dem Cognac, Zimt und Zucker verquirlen und in ein Glas füllen. Auf den Drink einen dicken Sahnetupfer geben und Schokoraspel darüberstreuen.
(auf dem Foto oben: links)

Orient Express

- 200 ml sehr kalte Vollmilch
- 1 EL Instant-Kakao
- 2 cl Amaretto
- feingemahlene Mandeln

Die Milch in ein hohes Rührgefäß gießen und den Instant-Kakao mit einem Schneebesen so lange kräftig darunterschlagen, bis das Getränk schaumig wird. Den Amaretto darunterrühren. Ein hohes Glas am Rand anfeuchten und in die gemahlenen Mandeln tauchen. Den Drink vorsichtig hineinfüllen.
(auf dem Foto oben: rechts)

MIT RUM / MIT GIN **MIT RUM / MIT WEISSEM RUM**

Pina Colada Light

- 4 Eiswürfel
- 2 cl weißer Rum
- 6 cl Ananassaft
- 2 cl Coconut cream
- 3 cl Milch
- zerstoßenes Eis
- 1/4 Scheibe Ananas
- 1 Minzezweig

Die Eiswürfel zusammen mit den Flüssigkeiten im Shaker kräftig schütteln. Alles in ein Longdrinkglas seihen und etwas zerstoßenes Eis dazugeben. Die Ananasscheibe an den Glasrand stecken und den Minzezweig in das Glas geben.
(auf dem Foto oben: links)

Blue Sky Light

- 3 Eiswürfel
- 2 cl Gin
- 1 cl Curaçao blue
- 4 cl Milch, 1 Scheibe Orange

Die Eiswürfel zusammen mit den Flüssigkeiten im Shaker kurz, aber kräftig schütteln. Den Drink in eine Cocktailschale seihen und die Orangenscheibe an den Glasrand stecken.
(auf dem Foto oben: rechts)

Choco Colada Light

- 3 Eiswürfel
- 3 cl weißer Rum, 1 cl Kaffeelikör
- $1^{1}/_{2}$ cl Coconut cream, 5 cl Milch
- 2 cl Schokoladensirup
- zerstoßenes Eis, 1 TL Schokoraspel

Die Eiswürfel zusammen mit den Flüssigkeiten im Shaker kurz, aber kräftig schütteln und das Ganze in ein Longdrinkglas seihen. Den Drink mit zerstoßenem Eis auffüllen und mit den Schokoraspeln bestreuen.
(auf dem Foto oben: links)

Mrs. Hemingway Special Light

- 4 Eiswürfel
- 3 cl weißer Rum, 1 cl Maraschino
- 4 cl Grapefruitnektar light
- 3 cl Limettensaft
- 3 Spritzer flüssiger Süßstoff
- 1 Scheibe Limette, 1 Kirsche

Die Eiswürfel zusammen mit den Flüssigkeiten und dem Süßstoff im Shaker kräftig schütteln und in ein Cocktailglas seihen. Die Limettenscheibe an den Glasrand stecken und die Kirsche ins Glas geben.
(auf dem Foto oben: rechts)

Eiscreme Soda »Banana«

- 2 Kugeln Bananeneis
- 2 cl Bananenlikör
- 8 cl Bananensaft
- 1 cl Grenadine
- Soda

Das Bananeneis mit dem Likör, dem Saft und der Grenadine in einen Tumbler geben, umrühren und mit Soda auffüllen.
(auf dem Foto: oben links)

Erdbeer Soda

- 2 Kugeln Erdbeereis
- 2 cl Erdbeerlikör
- 2 cl Zitronensirup
- Soda

Das Erdbeereis in einen Tumbler geben. Den Likör und den Sirup in einem Shaker mischen, über das Eis gießen und den Drink mit Soda auffüllen.
(auf dem Foto: unten links)

Variation:
Sie können diesen Drink auch einmal mit Himbeereis und Himbeerlikör mixen.

Ice Rickey

- 1 unbehandelte Zitrone
- 1 Kugel Zitroneneis
- 4 cl Scotch Whisky
- 3 cl Limettensaft
- 1 Spritzer Grenadine
- Eiswürfel, Soda
- 1 Limonenscheibe

Die Zitrone waschen und die Schale spiralförmig abschälen. Den Whisky, Limettensaft, Saft einer halben Zitrone und den Grenadine im Shaker kräftig schütteln. Das Eis in ein Longdrinkglas füllen und den Drink darüberseihen. Das ganze mit Soda auffüllen und mit der Zitronenschale und der Limonenscheibe garnieren.
(auf dem Foto: oben rechts)

French Kissing

- 2 cl Cognac
- 1 cl Kirschwasser
- 1 BL Zuckersirup
- Champagner
- 1 Kugel Kirscheis, 1 Cocktailkirsche

Den Cognac, das Kirschwasser und den Zuckersirup in einem Highballglas verrühren. Champagner dazugießen und das Kirscheis darauf setzen. Den Drink mit der Cocktailkirsche garnieren.
(auf dem Foto: unten rechts)

FÜR DIE SOMMERPARTY

MIT RUM

MIT MOKKALIKÖR

Black & White

- 50 g süße Sahne
- 1 EL Instant-Kakao
- 100 ml sehr kalte Vollmilch
- 1 cl weißer Rum
- $1/2$ TL Vanillinzucker

Die Sahne steif schlagen und den Kakao darunterrühren. Die Sahne in einen Spritzbeutel füllen und in ein Longdrinkglas geben. Die Milch mit dem Rum und dem Vanillinzucker in einem Shaker kräftig schütteln, bis die Milch schaumig ist. Die Milch über die Schokosahne gießen. Den Drink eventuell mit einem dicken Strohhalm servieren.

Sahne macht einen Drink besonders cremig oder eignet sich, steif geschlagen, hervorragend zum Dekorieren.

Mokkamilch Spezial

- 200 ml sehr kalte Vollmilch
- $1^{1}/2$ TL Instant-Kaffee
- 1 EL Zucker
- 1 cl Mokkalikör
- Hagelzucker, Zimtpulver,
- $1/2$ Eiweiß

Die Milch in ein hohes Gefäß gießen und mit dem Schneebesen Kaffee, Zucker und Likör darunterrühren. Hagelzucker und Zimtpulver in einem Schälchen mischen, bis der Zucker braun ist. Das Eiweiß in ein zweites Schälchen geben. Ein Longdrinkglas mit dem Rand zuerst in das Eiweiß, dann in die Zucker-Zimt-Mischung tauchen. Den Drink vorsichtig hineinfüllen.

Milch schmeckt frisch am besten. Besonders cremig werden die Drinks, wenn Sie Milch mit 3,5 % Fett verwenden.

MIT EIERLIKÖR

MIT CURAÇAO BLUE

Bromillchen

60 g frische Brombeeren
1 EL Zucker
1 cl Eierlikör
125 g Kefir 1,5 % Fett
2 EL geschlagene Sahne

Die Brombeeren waschen und verlesen. Einige für die Garnitur beiseite stellen, die restlichen in den Mixer geben. Zucker, Eierlikör und Kefir dazugeben und alles gut durchmixen. Die Schlagsahne mit dem Schneebesen locker darunterziehen und den Drink in ein Longdrinkglas füllen. Die übrigen Brombeeren an den Glasrand stecken und den Drink mit einem dekorativen Strohhalm servieren.

Eierlikör gehört zu den dickflüssigen und gehaltvollen Emulsionslikören. Er wird aus Eigelb, Zucker und Alkohol (meistens Weinbrand) hergestellt. Sein Alkoholgehalt beträgt 20 Vol.-% und mehr.

Bijou Bleu

50 g Ananasstücke aus der Dose
2 cl Curaçao blue
75 g gerührter Joghurt 1,5 % Fett
1 TL Zucker
$^1/_4$ Grapefruit

Die Ananasstücke abtropfen lassen und im Mixer pürieren. Das Ananaspüree in ein Longdrinkglas füllen und den Curaçao darübergießen. Mit dem Schneebesen Joghurt und Zucker verrühren. Das Grapefruitviertel auspressen und den Saft unter den Joghurt mischen. Den Joghurt vorsichtig auf den Curaçao gießen, so daß sich drei Schichten bilden (gelb, blau, weiß).

Curaçao ist ein Orangenlikör, der aus den Schalen der Bitterorange (eine Pomeranzenart) hergestellt wird, vorwiegend auf der westindischen Insel Curaçao vor der Küste Venezuelas. Es gibt ihn in den Farben Weiß, Orange, Rot, Grün und Blau.

Screwdriver on Ice

2 Kugeln Vanilleeis
3 cl Wodka
9 cl Orangensaft
3 Eiswürfel
1 Scheibe einer unbehandelten Orange

Das Vanilleeis in ein Superlongdrinkglas geben. Den Wodka und den Orangensaft mit dem Eis im Shaker schütteln und über das Vanilleeis seihen. Den Drink mit der Orangenscheibe dekorieren.
(auf dem Foto: links hinten)

Alexandra on Ice

2 Kugeln Vanilleeis
2 cl Wodka
2 cl Crème de Cacao weiß
7 cl süße Sahne
Kakaopulver

Das Vanilleeis in ein Longdrinkglas geben. Wodka, Crème de Cacao und Sahne darübergeben, verrühren und den Drink mit Kakaopulver bestäuben.
(auf dem Foto: rechts hinten)

Cold Kiss

1 Kugel Vanilleeis
1 cl Brandy
2 cl Eierlikör
1 cl Cointreau
6 cl süße Sahne
3 Eiswürfel
1 EL steif geschlagene Sahne
Schokostreusel

Das Vanilleeis in einen Tumbler geben. Brandy, Eierlikör, Cointreau und Sahne mit den Eiswürfeln im Shaker kräftig schütteln und das Ganze über das Vanilleeis seihen. Mit einem Sahne- häubchen und Schokostreuseln verzieren. Den Drink nicht mehr umrühren.
(auf dem Foto: links vorne)

Sweet Surprise

1 unbehandelte Zitrone
1 Kugel Vanilleeis
2 cl Southern Comfort
1 cl Vermouth dry
1 cl Amaretto
3 Eiswürfel, 4 cl Soda
1 unbehandelte Miniorange

Die Zitrone waschen und die Schale spiralförmig abschälen. Das Vanilleeis in ein großes Glas geben. Die Spirituosen mit dem Saft einer halben Zitrone und den Eiswürfeln im Shaker schütteln, mit dem Soda mischen und über das Vanilleeis seihen. Mit Orangensaft auffüllen und den Drink mit der Zitronenschalenspirale und der Miniorange dekorieren.
(auf dem Foto: rechts vorne)

EISKALT UND SAHNIG

MIT LIKÖR / MIT WHISKEY **MIT APRIKOSE / MIT MINZE**

Cream Frappé Citrique

- zerstoßenes Eis
- 1 Kugel Zitroneneis
- 1 Kugel Orangeneis
- 3 cl Cointreau
- 4 cl Milch
- 3 cl Limettensaft
- 1 BL Zuckersirup
- 1 Scheibe einer unbehandelten Orange

Das Eis mit dem Fruchteis in ein Longdrinkglas geben. Die Flüssigkeiten im Shaker kräftig schütteln und darübergießen. Den Drink mit der Orangenscheibe verzieren.
(auf dem Foto oben: links)

One Ireland

- 2 Kugeln Vanilleeis
- 4 cl Irish Whiskey
- 2 BL Crème de Menthe weiß
- Milch

Das Vanilleeis in ein Longdrinkglas geben. Den Whiskey und die Crème de Menthe im Shaker gut schütteln, auf das Vanilleeis gießen und das Ganze mit Milch auffüllen.
(auf dem Foto oben: rechts)

Apricot Cream Frappé

- zerstoßenes Roheis
- 2 Kugeln Aprikoseneis
- 3 cl Apricot Brandy
- 3 cl Aprikosensaft
- 2 cl Milch, 1 BL Zuckersirup
- 2 Aprikosen, Borkenschokolade

Das Roheis mit dem Aprikoseneis in ein Longdrinkglas mit Zuckerrand geben. Die Flüssigkeiten im Shaker mischen, darübergießen und umrühren. Mit kleingeschnittenen Aprikosen und der Borkenschokolade dekorieren.
(auf dem Foto oben: links)

Mint Cream Frappé

- zerstoßenes Roheis
- 1 Kugel Kokoseis
- 1 Kugel Minzeis
- 4 cl Crème de Menthe grün
- 4 cl Milch, 1 cl Zitronensaft
- 1 BL Zuckersirup
- einige Minzeblättchen

Das Eis in ein Glas geben. Die übrigen Zutaten darübergeben, alles gut verrühren und den Drink mit den Minzeblättchen dekorieren.
(auf dem Foto oben: rechts)

MIT RUM MIT KRÄUTERN / MIT WODKA

Lumumba

- 3 Eiswürfel
- 4 cl brauner Rum
- 100 ml eisgekühlter Kakao
- 1 TL Schokoraspel

Die Eiswürfel in ein Highballglas geben und den Rum und den Kakao darübergießen. Alles gut umrühren und die Schokoraspel darüberstreuen. Den Longdrink mit einem Trinkhalm servieren.
(auf dem Foto oben: links)

Banana Cow

- 3 Eiswürfel
- 6 cl brauner Rum
- 3 cl Zuckersirup
- 100 ml Milch
- $1/2$ Banane

Die Eiswürfel mit dem Rum, Zuckersirup und der Milch in einen Mixer geben. Die Banane zerdrücken, dazugeben und alles im Mixer pürieren. Den Longdrink in ein Highballglas gießen und mit einem dicken Trinkhalm servieren.
(auf dem Foto oben: rechts)

Grüne Hexe

- einige gehackte Kapuzinerkresseblätter und Kerbelzweige
- $1/2$ TL geriebener Meerrettich
- $1/2$ EL Zitronensaft, 100 g Kefir 1,5 % Fett
- 1 cl Kräuterlikör, weißer Pfeffer, Salz
- 1 Kapuzinerkresseblüte

Die Kräuter mit Meerrettich und Zitronensaft gründlich durchmixen, Kefir allmählich dazugießen. Den Kräuterlikör darunterrühren, scharf abschmecken. Mit der Kapuzinerkresseblüte garnieren.
(auf dem Foto oben: links)

Nastrowje

- 100 ml Tomatensaft, $1/2$ EL Zitronensaft
- frisch geriebener Meerrettich
- 100 g Kefir 1,5 % Fett
- schwarzer Pfeffer aus der Mühle, Salz
- 1 cl Wodka, 1 Prise geriebene Muskatnuß
- einige Kirschen

Tomatensaft, Zitronensaft, Meerrettich und Kefir gut verquirlen, pikant würzen und den Wodka darunterrühren. In ein hohes Glas füllen – mit Muskat bestäuben – und die Kirschen auf einem Spieß darüberlegen.
(auf dem Foto oben: rechts)

LONGDRINKS OHNE ALKOHOL

Süße, aromatische und pikante Longdrinks ganz ohne Promille, in phantasievollen Farben, werden hier als Durstlöscher und Gesundheitsdrinks in cremig-zarten und fruchtig-frischen Variationen vorgestellt. Eine große Bedeutung haben dabei Frucht- und Gemüsesäfte, wobei Zitronen-, Orangen-, Grapefruit- und Tomatensaft am wichtigsten sind. Wenn möglich, sollten Sie immer frisch gepreßte Säfte, andernfalls zumindest sehr gute Markenerzeugnisse verwenden.

Paprikadrink

$1/4$ rote Paprikaschote
$1/2$ kleine Tomate, $1/4$ kleine Zwiebel
etwas zerdrückter Knoblauch
1 Blättchen Zitronenmelisse
2 EL Orangensaft, $1/2$ TL Zucker
$1/2$ EL süße Sahne, weißer Pfeffer, Salz
75 g gerührter Joghurt 1,5 % Fett
Strunkteil einer Paprika

Die Paprikaschote, die Tomate, die Zwiebel, den Knoblauch, die Zitronenmelisse und den Orangensaft im Mixer kräftig pürieren, bis eine gleichmäßige Masse entstanden ist. Sahne, Pfeffer und Salz hinzufügen, alles kurz durchrühren, den Joghurt löffelweise darunterziehen und alles noch mal durchmixen. Den Drink in ein Glas füllen. Mit dem Strunkteil der Paprikaschote als Deckel und einem Zweig Zitronenmelisse dekorieren.

MIT TOMATE UND PAPRIKA

Schokoladen-Milch-Shake

2 Kugeln Vanilleeis
5 cl Milch
3 cl Schokoladensirup
wenig geschlagene Sahne
Schokoladenstreusel

Das Eis, die Milch und den Sirup im Shaker kräftig schütteln, das Ganze in ein Stielglas füllen und mit Schlagsahne dekorieren. Die Schokoladenstreusel darübergeben und den Drink mit einem Strohhalm servieren.

Milchshakes enthalten, wie der Name schon sagt, Milch. Man gibt das Eis und die übrigen Rezeptzutaten in einen Shaker und schüttelt sie, anschließend seiht man die Köstlichkeit in ein dekoratives Glas ab.

Javatraum

4 cl Pfirsichsaft
4 cl Bananensaft
4 cl Maracujasaft
2 cl Grenadine
Tonic Water
1 Pfirsichscheibe
1 Cocktailkirsche

Die Säfte und die Grenadine mit Eis im Shaker schütteln und den Drink in ein Longdrinkglas abseihen. Mit Tonic Water auffüllen und mit einer Pfirsichscheibe und einer Cocktailkirsche dekorieren.

Zum Mixen sind Sirupe wichtige Ingredienzen, mit denen man interessante Aroma- und Farbakzente setzen kann. Grenadine wird aus Granatäpfeln gewonnen.

MIT VANILLEEIS

MIT PFIRSICHSAFT

Fruit Cup I

- 8 cl Orangensaft
- 6 cl Ananassaft
- 4 cl Zitronensaft
- 2 cl Grenadine
- 3 Eiswürfel
- 1 Orangenscheibe
- 1 Cocktailkirsche

Die Säfte mit der Grenadine und den Eiswürfeln im Shaker kräftig schütteln und in ein Longdrinkglas abseihen. Mit einer Orangenscheibe und einer Cocktailkirsche dekorieren.
(auf dem Foto: links)

Fruit Cup II

- 8 cl Maracujasaft
- 4 cl Ananassaft
- 4 cl Zitronensaft
- 2 cl Orangensaft
- 2 cl Grenadine
- 1 Ananasstück
- 1 Cocktailkirsche
- 1 kleiner Zweig Melisse

Die Säfte und die Grenadine mit Eiswürfeln im Shaker schütteln und in ein Longdrinkglas abseihen. Mit einem Ananasstück, einer Cocktailkirsche und der Melisse dekorieren.
(auf dem Foto: Mitte rechts)

Fürst Igor

- 4 cl Maracujasaft
- 2 cl Zitronensaft
- 2 cl Ananassaft
- Bitter lemon
- 1 Limettenscheibe

Die Säfte in ein Longdrinkglas geben und kurz umrühren. Mit Bitter lemon auffüllen und das Glas mit einer Limettenscheibe dekorieren.
(auf dem Foto: Mitte links)

Variation:

Geben Sie noch drei Zitronensaftwürfel und einen Zentiliter Grenadine dazu und füllen Sie mit Bitter orange statt mit Bitter lemon auf.

Triver

- 5 cl Maracujasaft
- 4 cl Pfirsichsaft
- 3 cl Coconut Cream
- 2 cl Zitronensaft
- Mineralwasser
- 1 Kiwischeibe
- 1 kleiner Zweig Minze

Die Säfte mit der Coconut Cream auf Eis in ein Longdrinkglas geben, verrühren und den Drink mit Mineralwasser auffüllen. Mit einer Kiwischeibe, einer Cocktailkirsche und der Minze dekorieren.
(auf dem Foto: rechts)

ALS DURSTLÖSCHER

MIT BANANE

MIT ZITRONE

Tropenzauber

- 4 cl Pfirsichsaft
- 4 cl Grapefruitsaft
- 4 cl Bananensaft
- 2 cl Grenadine, Tonic Water
- einige Ananasstücke
- 2 Pfirsichhälften

Die Säfte mit der Grenadine und den Eiswürfeln im Shaker schütteln und mit den Ananasstücken in ein Longdrinkglas abseihen. Mit Tonic Water auffüllen und mit einer aufgespießten Pfirsichscheibe dekorieren.
(auf dem Foto oben: links)

Borneo Gold

- 3 Eiswürfel
- 6 cl Aprikosensaft
- 4 cl Bananensaft
- 2 cl Maracujasaft
- Tonic Water
- ½ Banane
- etwas Zitronensaft

Die Eiswürfel in ein Longdrinkglas geben und die Säfte darauf gießen. Mit Tonic Water auffüllen. Eine Bananenhälfte mit Zitronensaft beträufeln und in den Drink stecken.
(auf dem Foto oben: rechts)

Ambassador

- 6 cl Pfirsichsaft
- 6 cl Maracujasaft
- 4 cl Rose's Lime Juice
- 4 cl Zitronensaft
- 1 Ananasstück
- 1 Cocktailkirsche

Die Säfte in ein Longdrinkglas füllen und verrühren. Mit dem Ananasstück und der Cocktailkirsche dekorieren.
(auf dem Foto oben: links)

Korallenglut

- 4 cl Aprikosensaft
- 4cl Maracujasaft
- 2 cl Kirschsaft
- 2 cl Zitronensaft
- 1 cl Grenadine
- Tonic Water
- 2 Cocktailkirschen
- 1 Scheibe einer unbehandelten Zitrone

Die Säfte und die Grenadine mit Eis im Shaker kräftig schütteln. Den Drink in ein Longdrinkglas abseihen. Mit Tonic Water auffüllen und mit den Cocktailkirschen und der Zitronenscheibe dekorieren.
(auf dem Foto oben: rechts)

Paradiesvogel

6 cl Ananassaft, 6 cl Maracujasaft
6 cl Orangensaft, 1 cl Zitronensaft
1 cl Grenadine, 3 Eiswürfel
1 Ananasstück, 1 Cocktailkirsche

Die Säfte und die Grenadine mit den Eiswürfeln im Shaker schütteln. Den Drink in ein Longdrinkglas abseihen. Mit einem Ananasstück und der Cocktailkirsche dekorieren.
(auf dem Foto oben: links)

Blue Batavia

3 cl Ananassaft, 3 cl Birnensaft
3 cl Maracujasaft, 3 cl Aprikosensaft
1 cl Zitronensaft
1 cl Curaçao blue, ohne Alkohol
3 Eiswürfel
Bitter lemon
1 Scheibe einer unbehandelten Zitrone
1 Cocktailkirsche

Die Säfte mit dem Curaçao und dem Eis im Shaker schütteln. Den Drink in ein Longdrinkglas abseihen. Mit Bitter lemon auffüllen und mit einer Zitronenscheibe und einer Cocktailkirsche dekorieren.
(auf dem Foto oben: rechts)

Malayendrink

8 cl Ananassaft
4 cl Grapefruitsaft
2 cl Curaçao blue, ohne Alkohol
3 Eiswürfel
Bitter lemon
1 Ananasscheibe

Die Säfte mit dem Curaçao im Rührglas mit den Eiswürfeln verrühren und in ein Longdrinkglas abseihen. Mit Bitter lemon auffüllen und mit einer Ananasscheibe dekorieren.
(auf dem Foto oben: links)

Ananastraum

4 cl Ananastraum
3 cl Orangensaft
3 Eiswürfel
Ananasstücke

Die Säfte und die Eiswürfel im Shaker schütteln und in ein hohes Glas abseihen. Den Drink mit Ananasstückchen dekorieren.
(auf dem Foto oben: rechts)

Lemoncooler

- 3 TL Zuckersirup
- 2 cl Zitronensaft
- 2 Eiswürfel
- Ginger-ale

Den Zuckersirup und den Zitronensaft mit Eiswürfeln in einen Tumbler geben und mit Ginger-ale auffüllen.
(auf dem Foto: oben links)

Variation:
Gießen Sie fünf Zentiliter Zitronensaft in einen mit Eiswürfeln gefüllten Tumbler und füllen mit Ginger-ale auf, dann haben Sie einen Belfast Cooler.

Proofless

- 6 cl frisch gepreßter Limettensaft
- 4 cl Rose's LimeJuice
- Tonic Water
- 1 Limettenscheibe

Den Limettensaft mit dem etwas süßeren Lime Juice in ein Longdrinkglas geben und mit Tonic Water auffüllen. Mit einer Limettenscheibe dekorieren.
(auf dem Foto: unten links)

Pepper Tonic

- 2 cl Zitronensaft
- 3 cl Pfefferminzsirup
- Tonic Water
- 1 unbehandelte Zitrone

Den Zitronensaft und den Pfefferminzsirup in ein Longdrinkglas geben und mit Tonic Water auffüllen. Die Schale der Zitrone spiralförmig abschneiden und den Drink mit der Spirale dekorieren.
(auf dem Foto: oben rechts)

Chicago Cooler

- ca. 3 Eiswürfel
- Saft von 1/2 Zitrone
- Ginger-ale
- roter Traubensaft

Einen Tumbler halb mit Eiswürfeln füllen. Den Zitronensaft darübergießen und je zur Hälfte mit Ginger-ale und mit Traubensaft auffüllen.
(auf dem Foto: unten rechts)

Variation:
Aus dem Chicago Cooler wird ein Brunswick Cooler, wenn Sie zwei Teelöffel Zuckersirup zugeben, den roten Traubensaft weglassen und nur mit Ginger-ale auffüllen.

ALS DURSTLÖSCHER

MIT ORANGE

MIT KIRSCHE

Grapefruit Lemonade

- 6 cl Grapefruitsaft
- 1 cl Orangensaft
- 2 cl Grenadine
- 4 Eiswürfel
- Bitter Grapefruit
- 1 unbehandelte Miniorange

Die Säfte mit der Grenadine und den Eiswürfeln in ein Longdrinkglas geben, gut umrühren und mit Bitter Grapefruit auffüllen. Die Miniorange anschneiden und eventuell an das Glas hängen.
(auf dem Foto oben: links)

Ginger Orange

- 5 cl Orangensaft
- 2 cl Zitronensaft, 2 cl Limettensaft
- 2 BL Curaçao blue, alkoholfrei
- 1 BL Zuckersirup
- 3 Eiswürfel
- Ginger-ale
- 1 Scheibe einer unbehandelten Orange

Die Säfte, Curaçao und den Sirup mit den Eiswürfeln kräftig im Shaker schütteln, in ein Longdrinkglas seihen, mit Ginger-ale auffüllen und mit der Orangenscheibe dekorieren.
(auf dem Foto oben: rechts)

Shirley Temple

- 4 cl Kirschsaft
- 2 cl Zitronensaft
- 2 Eiswürfel, Ginger-ale
- 1 Scheibe einer unbehandelten Zitrone
- 2 Cocktailkirschen

Die Säfte mit den Eiswürfeln in einen Tumbler geben, mit Ginger-ale auffüllen, die Kirschen ins Glas geben und mit der Zitronenscheibe dekorieren.
(auf dem Foto oben: links)

Leuchtturm

- 4 cl Kirschsaft, 2 cl Ananassaft
- 2 cl Bananensaft, 1 cl Zitronensaft
- 3 cl Grenadine, 2 Eiswürfel
- Tonic Water
- $^1/_2$ Scheibe Ananas, geschält

Die Fruchtsäfte mit der Grenadine und den Eiswürfeln im Shaker kräftig schütteln. Das Ganze in ein Longdrinkglas gießen. Mit Tonic Water auffüllen und mit der Ananasscheibe dekorieren.
(auf dem Foto oben: rechts)

MIT OBSTSÄFTEN

MIT BEEREN UND MELONE

Finnen-Cup

- 1 cl Preiselbeersirup, 1 cl Zitronensaft
- 2 cl Kirschsaft, 2 cl Johannisbeersaft
- 1 Scheibe einer unbehandelten Orange
- 1 Scheibe einer unbehandelten Zitrone
- $1/2$ Scheibe Ananas
- 3 geschälte halbierte Mandeln
- eiskaltes Tonic Water
- 1 Rispe rote Johannisbeeren

Sirup und Säfte in einem bauchigen Glas verrühren, Früchte kleinschneiden und mit den Mandeln in den Drink geben. Mit Tonic Water auffüllen, die Beerenrispe an den Glasrand hängen, mit einem Barlöffel servieren.
(auf dem Foto oben: links)

Meerwasser

- 1 cl Zitronensaft, 1 cl Bitter lemon
- 2 cl Ginger-ale
- 4 cl Curaçao blue, alkoholfrei
- 4 Eiswürfel, 1 EL rote Johannisbeeren
- 3 Limettenscheiben, Tonic Water

Die Flüssigkeiten mit Eis kräftig schütteln, in ein Glas seihen. Beeren und zwei Limettenscheiben dazugeben, mit Tonic Water auffüllen, das Glas mit einer Limettenscheibe dekorieren.
(auf dem Foto oben: rechts)

Beerenzauber

- 5 EL frische Beeren
- 1 cl Himbeersirup
- 1 cl Kirschsaft
- 2 cl Johannisbeersaft
- 6 cl kalter Früchtetee
- eiskaltes Mineralwasser

Die Beeren in ein Longdrinkglas geben. Den Sirup, die Säfte und den Tee im Shaker kräftig schütteln und über die Beeren seihen. Den Drink mit Mineralwasser auffüllen und mit einem Barlöffel servieren.
(auf dem Foto oben: links)

Melon

- $1/4$ vollreife Netz-oder Honigmelone, eisgekühlt
- 2 cl Grenadine
- eiskaltes Tonic Water oder Ginger-ale
- 1 Scheibe Karambole

Mit einem Kugelausstecher aus dem Melonenfruchtfleisch kleine Kugeln ausstechen und in ein hohes Glas geben. Mit der Grenadine übergießen und mit Tonic Water oder Ginger-ale auffüllen. Den Drink mit der Karambolenscheibe dekorieren und mit Spieß servieren.
(auf dem Foto oben: rechts)

Green Wonder

- 4 Eiswürfel
- 6 cl Tropic light
- 6 cl Orangennektar light
- 6 cl Ananassaft
- 2 cl Pfefferminzsirup
- 3 EL zerstoßenes Eis
- ½ Scheibe Honigmelone
- 1 Scheibe einer unbehandelten Orange
- 1 Minzezweig

Die Eiswürfel mit den Flüssigkeiten im Shaker kräftig schütteln. Das zerstoßene Eis in ein Longdrinkglas geben und den Drink darüberseihen. Das Glas mit den Fruchtscheiben und dem Minzezweig dekorieren.
(auf dem Foto: links)

Nice Dreams

- 4 Eiswürfel
- 6 cl Orangennektar light
- 3 cl Ananassaft
- 2 cl Zitronensaft
- 1 cl Grenadine
- ¼ Scheibe frische Ananas
- ½ Scheibe Blutorange
- ½ Scheibe Zitrone

Die Eiswürfel zusammen mit den Flüssigkeiten im Shaker kurz schütteln und den Drink in ein Longdrinkglas seihen. Die Ananas auf das Glas legen und die restlichen Scheiben an den Glasrand stecken.
(auf dem Foto: Mitte links)

Like Heaven

- 4 Eiswürfel
- 10 cl Orangennektar light
- 4 cl Aprikosennektar light
- 4 cl Tropic light
- 3 cl Bananennektar
- 3 cl Zitronensaft
- 1 cl Grenadine
- 3 EL zerstoßenes Eis
- ¼ Scheibe Wassermelone
- 1 Minzezweig

Die Eiswürfel zusammen mit den Flüssigkeiten im Shaker kurz, aber kräftig schütteln. Das zerstoßene Eis in ein bauchiges Glas geben und den Drink darüberseihen. Das Glas mit der Melonenscheibe und dem Minzezweig dekorieren.
(auf dem Foto: Mitte rechts)

Rainbow

- 3 Eiswürfel
- 10 cl Orangennektar light
- 2 cl Zitronensaft
- 2 cl Tropic light
- 1 cl Grenadine
- ½ Scheibe Orange
- ½ Scheibe Zitrone
- 1 Minzezweig

Die Eiswürfel zusammen mit den Flüssigkeiten im Shaker kurz schütteln. Den Drink in ein hohes Glas seihen und mit den Fruchtscheiben und der Minze dekorieren.
(auf dem Foto: hinten rechts)

EINE SOMMERLICHE KÖSTLICHKEIT

MIT VANILLEEIS **MIT BLAUBEERSIRUP**

Blue Icecream Soda

- 2 Kugeln Vanilleeis
- 4 cl Milch
- 2 cl Curaçao blue, ohne Alkohol
- 1 cl Ananassirup
- 2 Eiswürfel
- Soda

Das Eis, die Milch, den Curaçao und den Sirup in ein Longdrinkglas auf die Eiswürfel geben, verrühren und mit Soda auffüllen. Mit einem Strohhalm servieren.

Bei Eiswürfeln gilt: je größer, um so besser. Aus Eiswürfelschalen mit Hebeln sowie aus Plastiktüten für Eiswürfel lassen sich die Würfel besonders leicht herauslösen.

Blaubeermilch-Gletscher

- 1 Kugel Vanilleeis
- 3 cl Blaubeersirup
- 3 cl Milch
- 2 Eiswürfel
- Soda

Das Eis, den Sirup und die Milch im Shaker mit den Eiswürfeln schütteln und das Ganze in einen Tumbler abseihen. Mit Soda auffüllen und mit einem Strohhalm servieren.

Zum Abseihen nimmt man ein Barsieb. Es verhindert, daß kleine Eisstückchen, die das Getränk verwässern könnten, beim Abseihen ins Glas gelangen.

MIT MANGO

MIT APFEL UND BANANE

Tropensonne

- ¹/₄ rosa Grapefruit
- ¹/₂ kleine Mango (ca. 75 g Fruchtfleisch)
- ¹/₂ TL Zucker
- 125 g Buttermilch
- ¹/₂ Mangoscheibe, Minzeblättchen oder Zitronenmelisse zum Garnieren

Die Grapefruit halbieren und auspressen, den Saft in den Mixer geben. Von der Mango die Haut abziehen, die Frucht halbieren, das Fruchtfleisch vom Kern lösen und den Saft auffangen. Das Fruchtfleisch und den Saft im Mixer mit dem Zucker kräftig durchmixen. Auf kleinster Stufe die Buttermilch dazugießen und kurz durchmixen. Den Drink in ein Longdrinkglas füllen und mit der Mangoscheibe, mit Minze oder Zitronenmelisse dekorieren.

Wolkenreise

- ¹/₃ Banane
- ¹/₂ kleiner Apfel
- 1 EL Zitronensaft
- ¹/₃ EL Zucker
- 75 g Sauermilch 1,5 % Fett
- 1 Eiswürfel

Die Banane schälen, ein Drittel davon in den Mixer geben. Den Apfel halbieren, das Fruchtfleisch in Spalten schneiden und in den Mixer geben. Die Fruchtstücke fein pürieren, den Zitronensaft und den Zucker daruntermischen. Auf kleinster Stufe die Sauermilch dazugießen und alles kurz, aber kräftig durchmixen. Einen Eiswürfel in ein Glas geben und den Drink darübergießen.

MIT APFELMUS

MIT SCHOKOLADENSIRUP

Miss Marple

1 EL gezuckertes Apfelmus
1/2 TL Zitronensaft
1/2 TL echter Vanillezucker
1 Prise Zimtpulver
1 EL Apfelsaft
75 g gerührter Magermilchjoghurt
1 EL geschlagene Sahne
1 Schokoblättchen

In einem Rührgefäß das Apfelmus mit Zitronensaft, Vanillezucker, Zimtpulver und Apfelsaft gut verrühren. Den Joghurt mit einem Schneebesen kräftig darunterquirlen und den Drink in ein Glas füllen. In die Mitte einen Sahnetupfer spritzen und ein Schokoblättchen in die Sahne stecken.

Flip + Flap

20 cl Milch
2 TL Schokoladensirup
1 Eigelb
1 TL Pulverkaffee
2 Eiswürfel
Schokoladenraspel

Die Milch, den Sirup, das Eigelb und den Kaffee mit den Eiswürfeln in einem elektrischen Mixer kräftig schlagen. Den Drink in ein Longdrinkglas füllen und mit Schokoladenraspeln dekorieren.

Ein elektrischer Mixer eignet sich vorzüglich zur Zubereitung von Drinks, deren Zutaten (besonders Milch, Sahne, Früchte und Eier) sich nur schwer mischen lassen.

MIT INGWERSIRUP **MIT KIRSCHNEKTAR**

Exotix

- 50 ml Orangensaft
- 1 EL Maracujasirup
- $1/2$ TL Ingwersirup
- 150 g gerührter Magermilchjoghurt
- 1 EL geschlagene Sahne
- 1 Papierschirmchen

Den Orangensaft und die Sirupe in ein hohes Rührgefäß geben und gut verrühren. Den Joghurt dazugießen und kräftig damit verquirlen. Den Drink in ein hohes Glas füllen, mit einem Sahnetupfer und einem Papierschirmchen verzieren.

Es muß nicht immer Alkohol sein – auch Sirupe oder Obst geben dem Drink die nötige Würze.

Babydoll

- 50 ml Kirschnektar
- $1/2$ TL Himbeersirup
- 25 ml ungezuckerter Holundersaft
- 1 TL Zucker
- $1/2$ TL Vanillinzucker
- 150 g Kefir 1,5 % Fett
- 1 EL geschlagene Sahne
- 1 frische Kirsche mit Stiel

Den Kirschnektar, den Himbeersirup und den Holundersaft in ein hohes Rührgefäß geben und alles gut verrühren. Den Zucker, Vanillinzucker und den Kefir dazugeben und alles kräftig verquirlen. Den Drink in ein hohes Glas füllen, mit einem Sahnetupfer garnieren und die Kirsche darauf setzen.

Brombeer Shake

1 Kugel Vanilleeis
50 g Brombeeren
3 cl Brombeersirup
1 cl Zitronensaft
Milch
1 EL geschlagene Sahne
Borkenschokolade

Das Vanilleeis in einen Tumbler geben. Die Brombeeren verlesen, putzen und pürieren. Den Sirup mit dem Saft und dem Brombeerpüree mischen, darübergeben und das Ganze mit Milch auffüllen. Mit einem Schlagsahnehäubchen und Borkenschokolade verzieren.
(auf dem Foto oben: links)

Bilberry Milk

1 Kugel Vanilleeis
5 cl Blaubeersirup
1 cl Zitronensaft
4 BL Blaubeeren
Milch

Das Vanilleeis, den Sirup, den Zitronensaft und die Blaubeeren in einem Tumbler verrühren und das Ganze mit Milch auffüllen.
(auf dem Foto oben: rechts)

Pineapple Milk

1 Kugel Ananaseis
4 cl Ananassirup
2 cl Ananassaft
1 cl Zitronensaft
Milch
1 EL Ananasstücke

Das Ananaseis in einen Tumbler geben, den Sirup und die Säfte mischen und darübergießen. Das Ganze mit Milch auffüllen und mit den Ananasstücken dekorieren.
(auf dem Foto unten: links)

Variation:
Die Ananasstücke in ein Glas geben. 100 Milliliter Milch mit einem Päckchen Vanillezucker, dem Sirup und den Säften mischen und darübergießen. Darauf die Eiskugel setzen.

Tomato Milk

5 cl Tomatensaft
2 cl Zitronensaft
2 cl Buttermilch
3 Eiswürfel
Milch
Muskatnuß

Die Säfte und die Buttermilch mit dem Eis im Shaker kräftig schütteln und in einen Tumbler seihen. Mit Milch auffüllen und etwas Muskatnuß darüberreiben.
(auf dem Foto unten: rechts)

MIT VANILLEEIS

MIT ANANASEIS / MIT TOMATENSAFT

Vitaminflip

- 100 ml Buttermilch
- 60 ml Tomatensaft
- wenig Meersalz
- frisch gemahlener Pfeffer
- geriebene Muskatnuß
- 1 EL gehackte Kräuter (Dill, Schnittlauch, Basilikum, Petersilie)
- ¼ Paprikaschote
- Leinsamen zum Bestreuen
- 1 Basilikumblatt

Die Buttermilch mit dem Tomatensaft verrühren und mit Salz, Pfeffer und Muskat abschmecken. Die Paprikaschote entkernen und das Fruchtfleisch würfeln. Die Kräuter und die Paprikawürfel mit der Buttermilchmischung verrühren und das Ganze in ein Longdrinkglas füllen. Mit Leinsamen bestreuen und mit dem Basilikumblatt garnieren.
(auf dem Foto: links)

Buttermilch-Sanddorn-Flip

- ⅛ l Buttermilch
- 2 EL frisch gepreßter Orangensaft
- 1 EL ungesüßter Sanddornsaft
- etwas Zucker
- Zimt
- gehackte Pistazien zum Bestreuen

Die Buttermilch mit dem Orangen- und dem Sanddornsaft verrühren. Mit wenig Zucker und Zimt abschmecken. Den Flip in ein gekühltes Glas füllen und mit den Pistazien bestreuen.
(auf dem Foto: Mitte)

Früchtejoghurt mit Borretschblüte

- ½ Pfirsich
- 50 g Johannisbeeren
- 100 g Magerjoghurt
- ½ EL Kokosraspel
- Zimt
- etwas Zucker
- 1 Borretschblüte

Die Pfirsichhaut kreuzweise einritzen, den Pfirsich in kochendem Wasser brühen, in Eiswasser abschrecken und die Haut abziehen. Die Frucht halbieren und den Stein herauslösen, das Fruchtfleisch in kleine Würfel schneiden. Die Johannisbeeren mit einer Gabel von den Rispen streifen, kurz waschen und abtropfen lassen. Den Joghurt glattrühren, mit den Kokosflocken, Zimt und wenig Zucker abschmecken. Die Pfirsichwürfel und die Johannisbeeren darunterheben. Den Früchtejoghurt in einem Glas anrichten und mit der Borretschblüte garnieren.
(auf dem Foto: rechts)

HERZHAFT UND PIKANT

MIT ROTE-BETE-SAFT **MIT KRÄUTERN**

Karo-As

- 50 ml Rote-Bete-Saft
- 50 ml ungesüßter Karottensaft
- 50 g Kefir 1,5 % Fett
- $^1/_2$ TL Zitronensaft
- weißer Pfeffer, Salz
- gestoßener Kümmel
- 1 Eiswürfel
- 1 Petersilienzweig

Den Rote-Bete-Saft mit dem Karottensaft verquirlen und den Kefir daruntermischen. Den Zitronensaft darunterrühren und den Drink mit Pfeffer, Salz und Kümmel abschmecken. Den Eiswürfel in ein Longdrinkglas geben, den Drink hineinfüllen und mit dem Petersilienzweig garnieren.

Kräutergarten

- $^1/_2$ kleine Knoblauchzehe
- $^1/_2$ EL gehackter Dill
- $^1/_2$ EL gehackte Petersilie
- $^1/_2$ EL Schnittlauchröllchen
- $^1/_2$ EL gehackte Zitronenmelisse
- $^1/_2$ TL gehackter Estragon oder
- 1 Msp. getrockneter Estragon
- 125 g Kefir 1,5 % Fett
- einige Tropfen Worcestersauce
- weißer Pfeffer, wenig Salz

Die Knoblauchzehe durch eine Presse drücken und mit den Kräutern in den Mixer geben. Den Kefir dazugeben und alles gut durchquirlen. Den Drink mit Worcestersauce, Pfeffer und eventuell etwas Salz abschmecken und in ein Longdrinkglas füllen.

Rezeptverzeichnis

A
A Lulu 17
Alexandra on Ice 38
Ambassador 46
Ananastraum 47
Apricot Cream Frappé 40

B
Babydoll 57
Baltimore Egg Nogg 26
Banana Cow 41
Banana Daiquiri 15
Banana Flip 31
Bananenmilch Marlene 32
Barbados Swizzle 4
Batida 20
Beerenzauber 51
Bella Roma Light 22
Bijou Bleu 37
Bilberry Milk 58
Black & White 36
Blaubeermilch-Gletscher 54
Bloody Mary 13
Blue Batavia 47
Blue Icecream Soda 54
Blue Sky Light 33
Blue Splash 6
Borneo Gold 46
Breakfast Egg Nogg 26
Brombeer Shake 58
Bromillchen 37
Buttermilch-Sanddorn-Flip 60

C
Casablanca 13
Chicago Cooler 48
Choco Colada Light 33
Chocolate Coco 20
Cognac Au Lait 32
Cognac Flip 28
Cold Kiss 38
Cream Frappé Citrique 40

D
Deep Dream 9
Despertador 12
Die 4 C 6

E
Eiscreme Soda »Banana« 34
Erdbeer Soda 34
Exotix 57

F
Fedora Punch 22
Finnen-Cup 51
Flip + Flap 56
Flushing Meadow 18

Frappé de Cassis 30
French Kissing 34
Früchtejoghurt mit
   Borretschblüte 60
Fruit Cup I 44
Fruit Cup II 44
Fürst Igor 44

G
Ginger Orange 50
Grand Egg Nogg 26
Grapefruit Lemonade 50
Green Peace I 24
Green Wonder 52
Grüne Hexe 41

H
Hawaian Banger 16

I
Ice Rickey 34
Irish Orange 15

J
Jamaica Cooler 20
Javatraum 43

K
Karo As 62
Kefirdrink Johanna 32
Kiwitraum 6
Korallenglut 46
Kräutergarten 62

L
Lemoncooler 48
Leuchtturm 50
Like Heaven 52
Lumumba 41

M
Madeira Flip 28
Mahukona 20
Mai Tai 5
Malayendrink 47
Martinique 17
Meerwasser 51
Melon 51
Mint Cream Frappé 40
Mint Fizz 10
Mint Julep 9
Miss Marple 56
Mojito light 18
Mokkamilch Spezial 36
Montego Bay 20
Mrs. Hemingway Special Light 33

N
Nastrowje 41

Negroni »Long« 10
Nice Dreams 52

O
One Ireland 40
Orange Egg Nogg 26
Orient Express 32

P
Paprikadrink 42
Paradiesvogel 47
Paradiso 10
Peppermint Twist 25
Pepper Tonic 48
Pierre Collins 14
Pina Colada Light 33
Pineapple Milk 58
Planter's Punch 8
Portwein Flip 31
Proofless 48

R
Rainbow 52
Rosie's 6
Rum Callius 16
Rum Coffee Flip 28
Rum Daisy 8

S
Screwdriver on Ice 38
Schokoladen-Milch-Shake 43
Seejungfrau 10
Sherry Flip 28
Shirley Temple 50
Soft Green 30
Superlongdrink »Rudolfo« 5
Sweet Surprise 38
Swinger's Light 22

T
Tequila Sunrise 12
Tigerlilly 25
Tingling Feelings 18
Tomato Milk 58
Triver 44
Tropensonne 55
Tropenzauber 46

V
Victor Laslo 18
Vitaminflip 60

W
Whiskey Sour – The Original 14
Wolkenreise 55

Z
Zombie 22

Dieses Buch gehört zu einer Kochbuchreihe, die die beliebtesten Themen aus dem Bereich Essen und Trinken aufgreift. Sie erhalten die Titel überall dort, wo es Bücher gibt.

Sie finden uns im Internet: **www.falken.de**

Bei diesem Buch handelt es sich um eine überarbeitete Ausgabe des Titels »Longdrinks« (Nr. 1345).

Der Verlag dankt der Firma RASTAL, Höhr-Grenzhausen, für die freundliche Unterstützung.

Dieses Buch wurde auf chlorfrei gebleichtem und säurefreiem Papier gedruckt.

ISBN 3 8068 2122 4

© 2001 by FALKEN Verlag, 65527 Niedernhausen/Ts.
Die Verwertung der Texte und Bilder, auch auszugsweise, ist ohne Zustimmung des Verlags urheberrechtswidrig und strafbar. Dies gilt auch für Vervielfältigungen, Übersetzungen, Mikroverfilmung und für die Verarbeitung mit elektronischen Systemen.

Umschlaggestaltung: Peter Udo Pinzer
Redaktion dieser Auflage: Anja Halveland
Umschlagfotos: vorne außen: **TLC-Foto-Studio GmbH,** Velen-Ramsdorf (Rezept »Pepper Tonic« und »Chicago Cooler«, Seite 48); vorne innen: **TLC-Foto-Studio GmbH,** Velen-Ramsdorf; hinten: **FALKEN Archiv** (Rezept »Mojito light« und »Victor Laslo«, Seite 18)
Fotos: FALKEN Archiv
Produktion: VerlagsService Dr. Helmut Neuberger
& Karl Schaumann GmbH, Heimstetten
Satz: Fotosatz Völkl, Puchheim
Druck: Appl, Wemding

013450396X 817 2635